AF562209

FAURE-VILLARS.

FAURE-VILLARS.

PARIS. — IMPRIMERIE DE GAUTHIER-VILLARS,
Rue de Seine-Saint-Germain, 10, près l'Institut

NOTICE BIOGRAPHIQUE

SUR

LE DOCTEUR FAURE-VILLARS,

ANCIEN MÉDECIN EN CHEF DES INVALIDES,
OFFICIER DE LA LÉGION D'HONNEUR ET DE L'ORDRE DE PIE IX,
COMMANDEUR DE L'ORDRE DE SAINT-GRÉGOIRE LE GRAND;

PAR

LE Dr L. LEREBOULLET,

MÉDECIN RÉPÉTITEUR A L'ÉCOLE DE MÉDECINE MILITAIRE DE STRASBOURG.

1870

NOTICE BIOGRAPHIQUE.

Le 17 avril 1870 fut pour la médecine militaire un nouveau jour de deuil. Le Dr Faure-Villars était enlevé à l'affection de ses nombreux amis par l'un de ces coups de foudre qui font rentrer l'homme en lui-même et lui démontrent la fragilité de son existence. Tout ému de la perte d'un collègue justement aimé et apprécié, M. le pharmacien principal Langlois s'est déjà rendu, au bord de sa tombe, l'interprète des sentiments unanimes de regret qu'a fait naître cette mort inattendue. Sa voix si autorisée sut rappeler les nombreux services et les qualités éminentes de l'ami qu'il connaissait depuis plus de trente ans. Mais j'ai pensé qu'il appartenait à l'un de ceux qu'unissaient à M. Faure les liens de la plus affectueuse estime et de la plus vive gratitude, de rendre encore une fois à sa mémoire l'hommage dont elle est digne. Débutant dans le Corps de santé militaire, j'ai tenu à donner à l'un de ses plus anciens représentants le témoignage de respect qu'inspirent ses longs et honorables services. Puisse ce coup d'œil jeté sur une existence si bien remplie adoucir les regrets d'une famille qui perd en M. Faure, non-seulement un parent dont les conseils étaient toujours écoutés avec fruit, mais encore un ami dont le dévouement était à toute épreuve!

Anselme-Claude-Nicolas Faure était né à Marseille, le 17 décembre 1801. Il appartenait à l'une de ces familles patriarcales où l'honnêteté et l'amour du travail semblent héréditaires. Sa mère, femme accomplie, d'un caractère élevé, d'un courage et d'une énergie peu communs, était fille de Dominique Villars, médecin distingué, botaniste éminent, ancien doyen de la Faculté de Strasbourg, Correspondant de l'Institut de France, l'un des hommes les plus justement vénérés du commencement de ce siècle. Elle était sœur du Dr Villars, médecin militaire de talent, ancien médecin en chef de l'hôpital militaire de Besançon. Veuve de très-bonne heure, n'ayant que de modestes revenus, Mme Faure voulut, à défaut de fortune, donner à ses enfants tous les bienfaits de l'éducation. Elle sut leur rappeler que leur grand père « s'était élevé *seul* de la condition de simple paysan au rang de médecin habile, de professeur distingué (1); » elle sut leur inspirer cet esprit d'ordre et de travail qui exerça sur toute leur carrière une si remarquable influence. Fils de leurs œuvres, ils arrivèrent à des positions éminentes. Tandis que l'aîné, mon excellent et regretté cousin, atteignait, dans les finances, une position élevée, digne de ses hautes capacités unies à une honorabilité parfaite, son frère Anselme, heureux de marcher sur les traces d'un aïeul dont il était le portrait vivant, terminait, après de brillants succès, ses études

---

(1) *Notice historique sur la vie et les travaux du docteur Villars*, par Victor Bally, p. 46; Grenoble, 1858

préparatoires, et dès l'âge de dix-sept ans entrait dans le Corps de santé militaire. C'était l'époque où, livrés à eux-mêmes, n'ayant pas toutes les facilités de travail offertes aux élèves de nos écoles, les jeunes chirurgiens de l'armée se trouvaient en butte à toutes les tentations. Spirituel et distingué, doué d'un physique agréable, jeune d'âge et de caractère, accueilli avec la plus grande faveur dans une ville où le souvenir de son grand-père lui servait de recommandation, le brillant élève de l'hôpital militaire de Strasbourg aurait pu, comme tant d'autres, se laisser enivrer par des succès mondains et négliger des études souvent arides, toujours pénibles. Mais l'exemple de son frère, qui commençait alors à Paris, au milieu de privations de toutes sortes, une carrière dont les débuts sont toujours difficiles, la déférence avec laquelle il écoutait les conseils de sa mère, furent pour lui un encouragement. Il sut mériter l'estime de ses chefs et un avancement rapide. Une première mention honorable remportée en 1819, un premier prix obtenu au concours de 1822 sont là pour attester et son intelligence et ses efforts. Heureuse était alors l'idée d'accorder au mérite ces récompenses annuelles qui, dès l'entrée de la carrière, établissaient un choix entre les élèves studieux et les étudiants qui se contentaient de remplir les obligations imposées par un règlement peu sévère. Elles créaient des titres scientifiques, qui, s'associant aux titres militaires, rendaient l'avancement plus rapide. Bientôt nommé sous-aide à l'hôpital de Nancy, Faure n'y passait que peu de temps; il terminait ses études aux hôpitaux d'instruction de Strasbourg, du Val-de-Grâce et du Gros-Caillou ; dès l'âge de vingt-deux ans (1823) il soutenait, à la Faculté de Strasbourg, sa thèse de docteur en médecine. Nommé le 30 juin 1823 chirurgien aide-major au 10e régiment de dragons, il ne reste dans les régiments qu'un temps assez court. Il n'aimait point, en effet, la vie de garnison, qui entraîne presque toujours avec elle l'impossibilité absolue de se livrer à des études médicales sérieuses. Son caractère aimant et dévoué l'appelait dans les hôpitaux, au lit des malades, sur un champ de bataille où l'on cherche à recueillir en gratitude ce que l'on sème en dévouement, où la conscience du devoir accompli récompense largement des efforts souvent les plus pénibles. Aussi, peu d'années après cette nomination (18 février 1828), le voyons-nous demander et obtenir le poste de médecin du camp de Glomel. Un travail intéressant (1), adressé au Conseil de santé, montre déjà les qualités administratives qui distinguèrent plus tard le médecin en chef des Invalides. Faure étudie avec soin les conditions topographiques et l'installation du camp ; il signale toutes les modifications qu'il a obtenues dans l'intérêt de ses malades; il réclame avec énergie ce qui reste à faire pour améliorer les conditions morales et matérielles de l'existence des condamnés.

Le résumé médical qui suit cet aperçu topographique est intéressant à divers titres.

Partisan enthousiaste des idées broussaisiennes, le médecin du camp de Glomel n'hésite pas à attribuer à la médication antiphlogistique tous les succès qu'il a obtenus. Combien de fois n'ai-je point entendu M. Faure parler de cette influence qu'exerçait alors sur tous les esprits la doctrine du Val-de-Grâce. L'expérience ne

---

(1) *Compte rendu des maladies observées au camp de Glomel*, publié dans le *Recueil des Mémoires de médecine militaire*, t. XXIX, p. 88; 1830.

tarda pas à lui en démontrer et l'exclusivisme et les dangers!

Bientôt l'expédition d'Algérie appelle, avec nos soldats, un grand nombre de médecins militaires. Faure est désigné en 1830 pour faire partie de la colonne expéditionnaire de Bône. Il passe deux années en Afrique; le 13 décembre 1831 il est rappelé à l'hôpital militaire d'instruction de Strasbourg. La position de *démonstrateur* exigeait un labeur d'une autre nature. Pendant quatre années Faure dut enseigner l'hygiène à l'hôpital où il avait fait ses études. Un nouveau grade l'enleva à Strasbourg, et c'est comme *médecin ordinaire* qu'il fut envoyé à l'hôpital de la Rochelle (1835), puis à Versailles (1836). Le jeune médecin en chef de cet hôpital important tint à prouver qu'il était digne de la mission qu'on lui confiait. Il ne tarda pas, en effet, à adresser au Conseil de santé un travail des plus sérieux (1). Dans ce Mémoire, après avoir énuméré les diverses complications de la rougeole, Faure les étudie synthétiquement, les comparant aux divers symptômes que présente la rougeole dite normale : « Si l'on analyse physiologiquement les complications que je viens de passer en revue, on reconnait qu'elles offrent une exagération plus ou moins grande des irritations diverses qui servent de cortége à la rougeole bénigne, exagérations dues à la modalité pathogénique ou au traitement vicieux, et se portant de préférence sur tel ou tel organe selon les circonstances et les idiosyncrasies. » Poursuivant ensuite l'analogie qui existe entre les formes normales et les formes graves de la maladie, étudiant successivement les lésions des

(1) *Mémoire pour servir à l'histoire des complications de la rougeole* (*Recueil des Mémoires de médecine militaire*, t. XLVI, p. 241; 1839).

muqueuses, la réaction fébrile et l'éruption, il pose, avec beaucoup de netteté, les bases d'une classification vraiment scientifique. Du reste, ce Mémoire présente un intérêt réel quand il y est traité de la question si controversée du traitement de la rougeole. L'élève de Broussais commence déjà à reconnaître les dangers de la médication antiphlogistique. Il l'abandonne, essaye une médication purement symptomatique, et discute, avec un tact médical parfait, les indications à remplir. Ce travail prouvait déjà combien M. Faure s'occupait de ses malades. Un second Mémoire (1), justement apprécié par tous les médecins (2), vint bientôt montrer combien il était bon observateur.

A peine signalée dans les écrits des anciens, mal décrite avant l'épidémie de 1837, la méningite cérébro-spinale avait pris, à cette époque, un développement qui commandait l'attention. Débutant dans le sud-ouest de la France, elle était observée à Dax par MM. Lamothe et Lespès ; mais bientôt elle atteignait Bayonne, Rochefort, et de là s'importait à Versailles. L'un des premiers, Faure eut donc à étudier cette maladie si redoutable. Son Mémoire, précédant les travaux si justement appréciés des Forget, Tourdes, Michel Lévy, C. Broussais, eut l'immense mérite de bien faire connaître cette maladie presque nouvelle. Écrit avec clarté, empreint d'un véritable talent d'observation, riche en faits, ce Mémoire est encore aujourd'hui consulté par tous ceux qui veulent

(1) *Histoire de l'épidémie de méningite cérébro-spinale observée à l'hôpital militaire de Versailles* (*Recueil des Mémoires de médecine militaire*, t. XLVIII, p. 1).

(2) « M. Faure a fait connaître la méningite cérébro-spinale dans un Mémoire devenu célèbre. » (Michel Lévy, *Rapport d'inspection*, 11 novembre 1859.)

se faire une idée exacte des formes variées que présente la méningite épidémique.

Ces travaux divers décelaient en M. Faure, non-seulement un praticien consciencieux, mais encore un médecin vraiment digne de ce nom, faisant tous ses efforts pour se rendre aussi expérimenté que possible dans l'art de guérir. Ils ne devaient point rester sans récompense. En 1841, Faure obtenait le grade de chirurgien de première classe et la croix de chevalier de la Légion d'honneur. En 1843, il est rappelé en Afrique avec le titre de médecin en chef de l'hôpital d'Oran. « Là, comme ailleurs, il sut conquérir les sympathies générales par sa bienveillance et sa douceur (1). » C'est qu'en effet, homme de devoir avant tout, il sentait que, dans nos hôpitaux militaires, en présence des malades qui ne peuvent choisir leurs médecins, la bienveillance est indispensable, et que la médecine bien comprise doit y être caractérisée par l'abnégation que sa conscience exige de celui qui l'exerce.

De retour en France, Faure est nommé médecin principal de deuxième classe et envoyé successivement à Versailles, à Lyon et à l'hôpital des Invalides. Bientôt il obtient le poste envié de médecin en chef du Corps expéditionnaire de la Méditerranée (13 septembre 1849). Il passe six mois à Rome; et, comme récompense de ses bons services, il obtient la croix de commandeur de l'ordre de Saint-Grégoire le Grand et la croix d'officier de l'ordre de Pie IX.

Le 7 avril 1850, il revenait à l'Hôtel des Invalides. Chargé par le prince Jérôme Napoléon de lui désigner un

---

(1) Extrait d'une Lettre qu'a bien voulu m'adresser M. le médecin inspecteur Hutin.

médecin militaire capable de remplacer le médecin en chef de cet Établissement, le chirurgien en chef, M. Hutin, avait répondu que personne, mieux que son ancien collègue d'Oran, ne pouvait convenir à l'asile des vieux militaires. « Je lui avais reconnu, m'écrit M. Hutin, une parfaite honorabilité comme homme, un entier dévouement comme serviteur, un tact médical bien assuré comme praticien. »

Oui certes, mieux que tout autre il s'entendait à soigner, à guérir ces vieillards infirmes qui ont si besoin de soins affectueux. D'une physionomie bienveillante, de manières douces et affables, il savait les écouter avec patience, les consoler en quelques mots, ranimer en eux l'espérance qui fait vivre. Faure resta donc longtemps à l'Hôtel des Invalides (1). Il y obtient successivement le grade de médecin principal de première classe (5 janvier 1851) et celui d'officier de la Légion d'honneur (10 mai 1852). Il ambitionnait, faut-il le dire, une plus haute récompense. Son activité, la conscience des services qu'il pourrait rendre encore, la passion réelle que lui inspirèrent toujours ses fonctions administratives et médicales, lui faisaient redouter le moment où il lui faudrait renoncer à la vie active; mais il n'eut point la satisfaction d'obtenir un siége au Conseil de santé! Ses amis espéraient qu'une consolation d'une autre nature lui serait accordée. Trois fois successivement MM. les inspecteurs Hutin et Vaillant avaient demandé pour lui la croix de commandeur de la Légion

---

(1) Il ne quitta ce poste que du 24 mars au 29 mai 1856 pour aller prendre sa part des épreuves imposées à cette époque aux médecins de l'armée et soigner, avec son dévouement habituel, les malades atteints de typhus qu'évacuait à Marseille le Corps expéditionnaire de Crimée.

d'honneur. En 1863, au moment où, après douze années de grade, il quittait ces fonctions de médecin en chef des Invalides qu'il avait si bien remplies, emportant dans sa retraite l'estime de tous ceux qui l'avaient connu, M. le baron Larrey, dans son Rapport d'inspection, ne pouvait s'empêcher de « regretter une fois de plus que le grade de M. Faure parût incompatible avec une proposition pour la croix de commandeur de la Légion d'honneur. » Seul, en effet, ce motif pouvait être invoqué ! Il y avait, il paraît y avoir encore incompatibilité entre le grade de médecin principal (1) et celui de commandeur de la Légion d'honneur. Et cependant peut-être n'est-il aucune position dans l'armée dont les obligations soient plus variées, plus délicates, plus imposantes que celles du médecin, aucune où l'on ait plus besoin de connaissances acquises, d'honorabilité, d'abnégation. Avec un zèle qui honorait le Corps de santé, dans les hôpitaux comme sur les champs de bataille, Faure avait bien mérité de son pays. Son savoir étendu, son dévouement médical, ses quarante-deux années de service, ses huit campagnes lui paraissaient dignes de la haute distinction qu'avaient sollicitée pour lui les chefs les plus autorisés de la médecine militaire. Il dut se résigner, se rappeler qu'une vie de dévouement porte avec elle son salaire, que la conscience du devoir accompli est accompagnée des plus douces, des plus nobles jouissances.

Retraité, il ne renonça pas à suivre attentivement ceux dont il avait guidé les premiers pas, ceux qu'il avait appelés à embrasser une carrière qu'il aimait de

(1) La même incompatibilité paraît exister pour le grade de sous-intendant militaire de première classe, assimilé cependant, comme celui de médecin principal de première classe, au grade de colonel.

toutes les forces de son âme. Dévoué jusqu'au dernier jour de son existence, il s'intéressait à toutes les questions qui préoccupent encore aujourd'hui les médecins de l'armée. Combien de fois l'avons-nous vu, toujours souriant et affable, s'entretenir de longues heures avec nous de nos espérances d'avenir, nous prodiguant ses conseils, nous offrant son appui : rien ne le fatiguait quand il s'agissait d'être utile.

Cependant sa santé, si robuste jusqu'alors, avait subi quelques atteintes. Marié dès 1833, il n'avait point eu le bonheur d'avoir des enfants, et son cœur, si aimant, avait reporté sur sa femme et sur la famille de son frère les trésors d'affection qui le remplissaient. La mort presque subite de ce frère vint l'affliger cruellement et lui inspirer des inquiétudes. Se sentant plus utile que jamais, il commençait à craindre la mort. Elle ne tarda pas à l'atteindre ! Le 14 avril, après un accident qui paraissait sans gravité, il dut s'aliter ; deux jours plus tard, malgré les soins dévoués de deux de ses anciens collègues, MM. Cazalas et Quesnoy, il succombait sans agonie, sans avoir eu le temps d'adresser un dernier adieu à toute une famille qui le chérissait. Homme de bien, il aurait pu, reportant avec orgueil les yeux sur une carrière si honorable, offrir son exemple à l'émulation des jeunes gens qui l'ont connu.

QUELQUES PAROLES

PRONONCÉES

SUR LA TOMBE DU Dr FAURE-VILLARS,

Par son ami M. le Dr LANGLOIS.

QUELQUES PAROLES

PRONONCÉES

SUR LA TOMBE DU Dr FAURE-VILLARS.

La mort nous a enlevé subitement un excellent ami : notre ancien collègue et bon camarade Faure a succombé après quelques jours seulement de maladie. L'âge n'avait nullement affaibli sa forte constitution, et rien ne pouvait faire présumer une fin si prochaine. Tous ceux qui, comme nous, l'ont aimé et apprécié doivent, après un événement si malheureux, ressentir une vive et profonde douleur. Sa perte sera aussi très-sensible aux personnes que son bon cœur obligeait journellement. Tout le monde sait combien il était heureux quand il trouvait l'occasion d'être utile à ceux qui s'adressaient à lui.

M. Faure a été un des éminents médecins de l'armée. Il était très-jeune lorsqu'il est entré dans le Corps de santé ; il avait à peine dix-sept ans. Il sortait du lycée de Strasbourg, où il avait fait de fortes et brillantes études. C'est à l'hôpital militaire d'instruction de cette ville qu'il fut nommé élève. Son grand-père, le savant botaniste Villars, était alors doyen de la Faculté de médecine. Ses premières études médicales eurent ainsi, grâce à ce parent, une excellente direction. Il ne tarda pas, comme élève, à avoir des succès, de sorte que le grade de sous-aide ne se fit pas longtemps attendre. A cette époque, dans les Écoles de santé militaires, il y avait des concours à la fin de chaque année, et à la suite de ces concours on accordait des prix aux élèves qui s'étaient distingués dans les diverses épreuves. Faure obtint un premier prix et fut appelé à Paris, où il resta plusieurs années, attaché d'abord à l'hôpital du Val-de-Grâce, puis à celui du Gros-Caillou, connu alors sous le nom d'*Hôpital de la Garde*.

Vers 1824, peu de temps après l'entrée de l'armée française en Espagne, à l'âge de vingt-deux ans, il fut nommé aide-major dans un régiment de cavalerie, et en 1830 il fit la campagne d'Afrique avec le grade de médecin-adjoint. Quand il rentra en France, à la fin de l'année 1831, il était médecin ordinaire, position qui correspondait à celle de chirurgien-major. Il fut désigné pour être employé à l'hôpital d'instruction de Strasbourg, avec le titre de démonstrateur, ou pour mieux dire de professeur. C'est là où je le vis pour la première fois, au commencement de 1832, lorsque j'arrivais moi-même pour remplir dans cet hôpital les fonctions d'aide-major. Depuis cette époque nos relations n'ont pas cessé d'être intimes. Après quatre ou cinq années d'enseignement il a abandonné son titre de professeur, pour prendre la direction médicale d'un hôpital ordinaire. Il fut envoyé à la Rochelle. Partout où il se trouvait, il se faisait estimer et aimer. Il a donc, en quittant l'École de Strasbourg, laissé de nombreux amis. C'est en 1833, à Strasbourg encore, qu'il s'est marié et qu'il a épousé une charmante jeune fille, celle qui, aujourd'hui, a le vif chagrin de le perdre.

Faure a toujours occupé d'importantes positions;

après la Rochelle, il vint à Versailles, puis plus tard il fut nommé médecin en chef de l'hôpital militaire d'Oran. Il séjourna de nouveau quelques années en Afrique et rentra enfin en France où il fut attaché successivement aux hôpitaux militaires de Perpignan et de Lyon. Pendant ces divers changements de résidence il a été nommé, jeune encore, chevalier de la Légion d'honneur et médecin principal de deuxième classe.

En 1849, il quitta Lyon pour venir à l'Hôtel des Invalides. La même année, tout en restant titulaire de sa nouvelle et haute position, il fut envoyé à Rome en qualité de médecin en chef de l'armée d'occupation. Là, comme partout ailleurs, il se fit remarquer et reçut du Pape, comme récompense de sa belle conduite, la croix de commandeur de l'ordre de Saint-Grégoire le Grand. Au bout de deux années environ de séjour à Rome, il reprit son poste des Invalides, poste qu'il a conservé jusqu'en 1863, époque à laquelle il a été admis à faire valoir ses droits à la retraite.

Pendant les douze années qu'il a passées aux Invalides il a donné des preuves, dans maintes circonstances, d'un grand savoir médical ; il y a été promu médecin principal de première classe et de plus a obtenu d'être élevé dans la Légion d'honneur au grade d'officier.

La science doit aussi à Faure plusieurs travaux importants, notamment un travail très-apprécié, souvent cité par les auteurs, sur la *méningite cérébro-spinale*, maladie grave qu'il avait eu occasion d'observer à l'hôpital de Versailles sur un grand nombre de militaires. Cette publication lui a valu, au moment où elle a paru, de justes éloges. Il s'est trouvé souvent au milieu des épidémies, et jamais son zèle ni son dévouement n'ont manqué à ses malades. Nous l'avons vu à l'œuvre aux

Invalides pendant que le choléra y régnait et nous avons pu reconnaître tout ce qu'il était susceptible de faire pour donner la santé à ceux qui souffrent.

Durant sa longue carrière médicale, Faure a rendu d'immenses services; aussi a-t-il gagné l'affection de bien des personnes. Il avait dans l'armée bon nombre d'amis, dont beaucoup ont occupé et occupent encore aujourd'hui les rangs les plus élevés. Tous ses malades le chérissaient, parce que toujours, avec eux, il était bon, affectueux, très-bienveillant, et que, de plus, il leur inspirait une grande confiance. Il a été sans contredit, pendant sa vie entière, un des médecins militaires les plus connus et les plus aimés de l'armée.

Faure avait de précieuses qualités, il cherchait constamment à être utile à ceux qui l'entouraient, soit par ses conseils, soit d'une autre manière, car il était généreux quand il fallait l'être. Je n'ai jamais connu d'homme qui aimât autant que lui à s'occuper des intérêts des autres, guidé uniquement par la pensée de faire le bien sans vouloir qu'on eût pour lui la moindre reconnaissance. Il tenait seulement à ce qu'on fût à son égard sincère et communicatif, comme il l'était avec tout le monde. Sa perte sera grande pour sa chère compagne qu'il aimait tendrement, et pour sa famille à laquelle il était très-attaché. Sa vie a été bien remplie, et sa mort fera naître de profonds regrets. Puisse son âme obtenir de Dieu le bonheur qu'elle mérite et jouir en paix de la vie éternelle !

Reçois, mon cher Faure, de tes amis, réunis ici, un douloureux et dernier adieu !

Paris. — Imprimerie de GAUTHIER-VILLARS, rue de Seine-Saint-Germain, 10, près l'Institut.

PARIS. — IMPRIMERIE DE GAUTHIER-VILLARS,
Rue de Seine-Saint-Germain, 10, près l'Institut.

57

BIBLIOTHEQUE NATIONALE DE FRANCE
3 7502 00810817 9

www.ingramcontent.com/pod-product-compliance
Lightning Source LLC
LaVergne TN
LVHW020309230826
846091LV00006B/2610

* 9 7 8 2 0 1 2 3 9 4 7 2 8 *